mamã
mamma

papá
papà

menino
bambino

menina
bambina

1 

um

uno

2

dois

due

3 

três

tre

4 

quatro

quattro

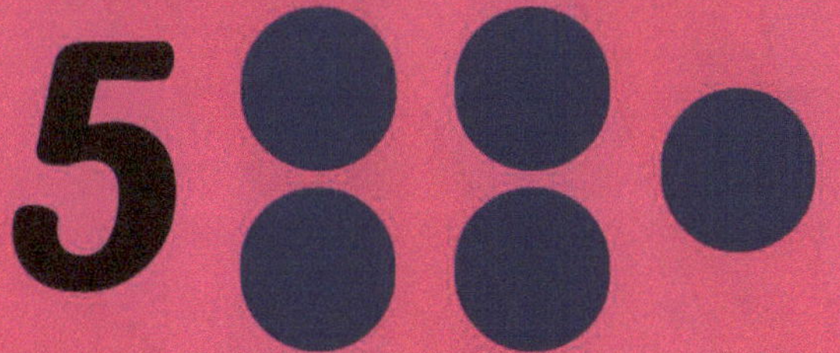

5

cinco

cinque

6

seis

sei

7

sete

sette

8

oito

otto

9

nove

nove

10

dez

dieci

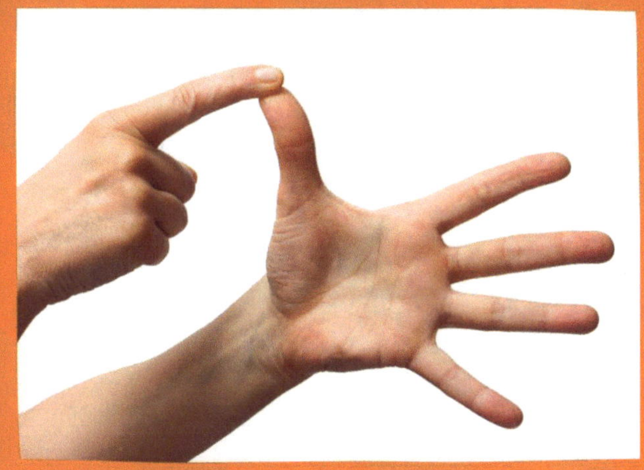

contar

contare

escrever

scrivere

desenhar

disegnare

pintar

dipingere

círculo

cerchio

quadrado

quadrato

retângulo

rettangolo

triângulo

triangolo

estrela

preto

branco

castanho

vermelho

rosso

azul

blu

amarelo

giallo

verde

verde

roxo

viola

cinzento

grigio

laranja

arancione

rosa

rosa

maçã

mela

banana

banana

ananás

ananas

melancia

cocomero

pera

pera

uvas

uva

manga

mango

pêssego

pesca

morango

fragola

cereja

ciliegia

laranja

arancia

coco

cocco

limão

limone

cogumelo

fungo

milho

mais

tomate

pomodoro

abóbora

zucca

pepino

cetriolo

cenoura

carota

batata

patata

curgete

zucchina

espinafre

spinacio

couve-flor

cavolfiore

ovo

uovo

prato

piatto

colher

cucchiaio

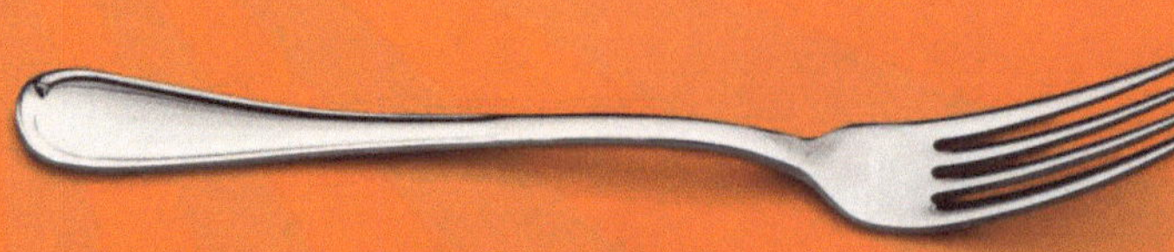

faca

coltello

garfo

forchetta

bolo

torta

biberão

biberon

doces

caramelle

queijo

formaggio

beber

bere

comer

mangiare

quente

caldo

frio

freddo

pequeno

piccolo

grande

grande

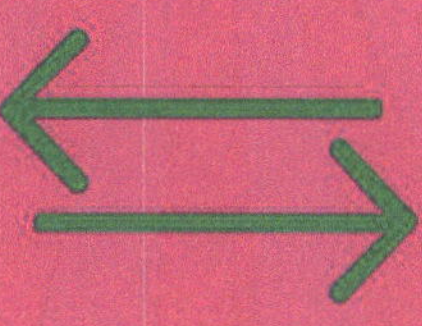

curto

corto

longo

lungo

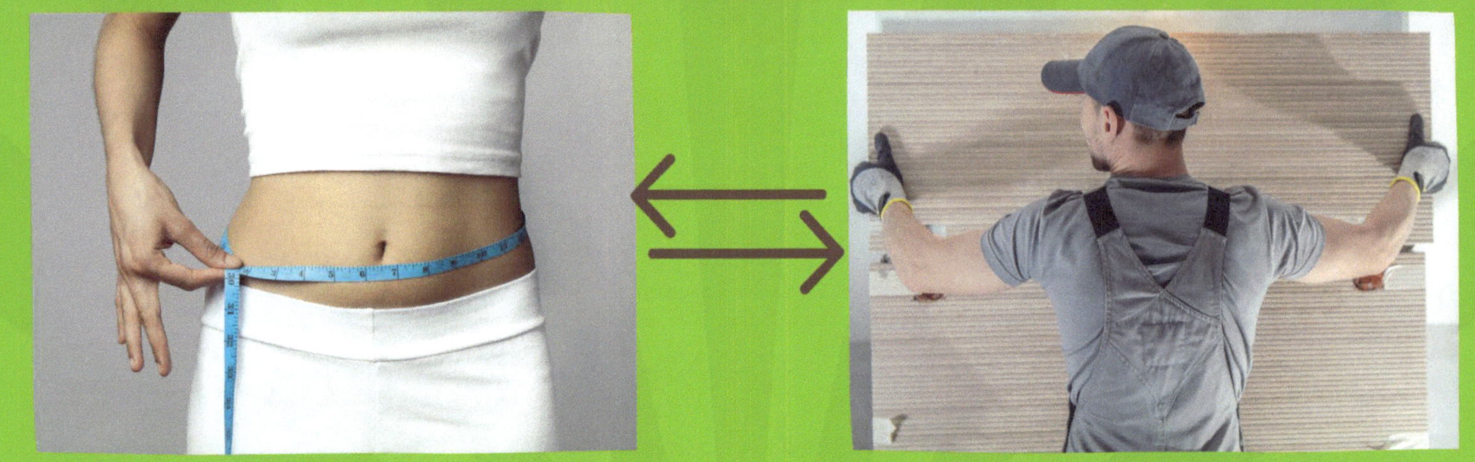

fino

sottile

grande

largo

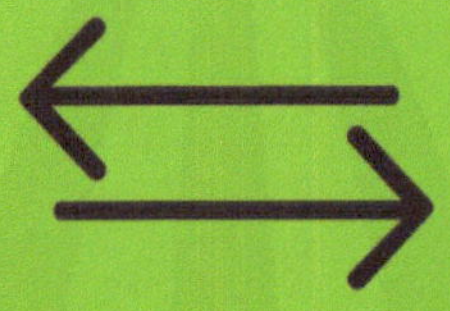

fácil

facile

difícil

difficile

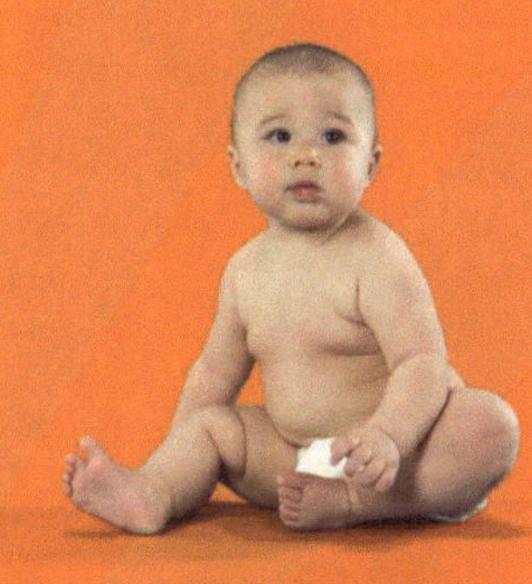

levantar-se

alzarsi

sentar-se

sedersi

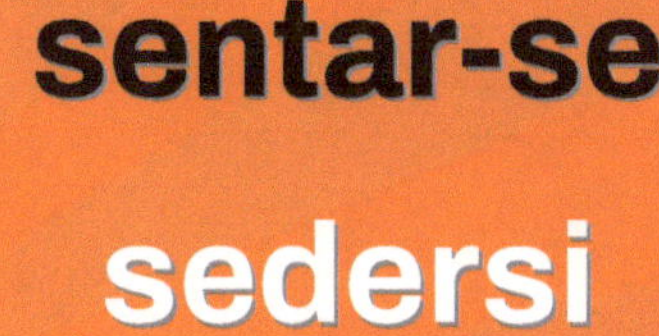

doce

dolce

salgado

salato

pesado

pesante

leve

leggero

dentro

dentro

fora

fuori

sujo

sporco

limpo

pulito

fechar

chiudere

abrir

aprire

lápis

matite

relógio

orologio

chave

chiave

livro

libro

cama

letto

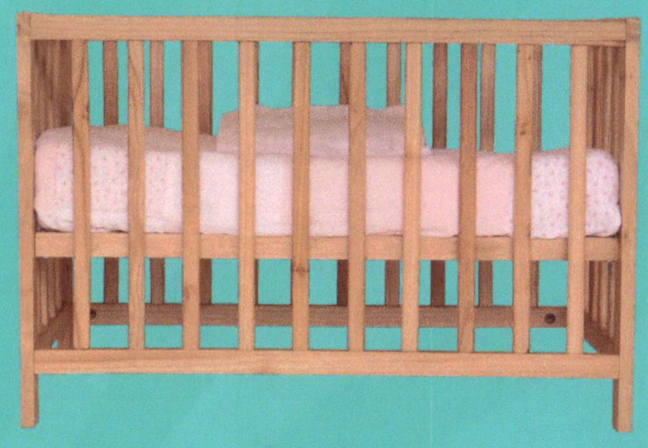

berço

culla

mesa

tavolo

cadeira

sedia

carro

automobile

bicicleta

bicicletta

avião

aereo

barco

barca

comboio

treno

helicóptero

elicottero

camião dos bombeiros

camion dei pompieri

bombeiro

pompiere

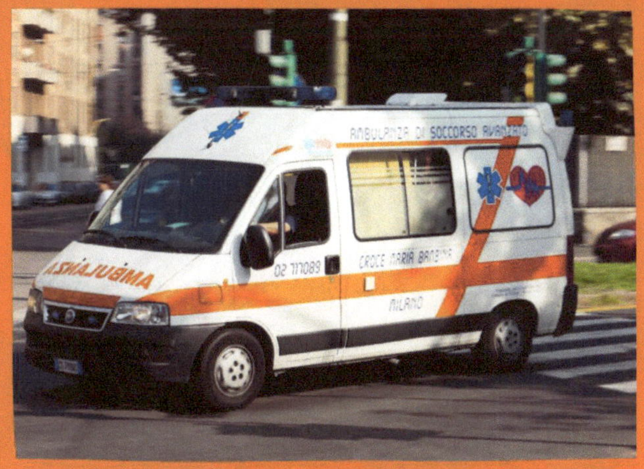

ambulância

ambulanza

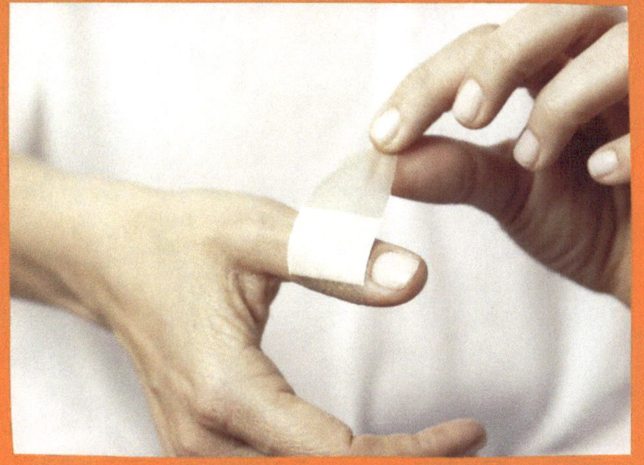

ligadura

benda

paramédico

paramedico

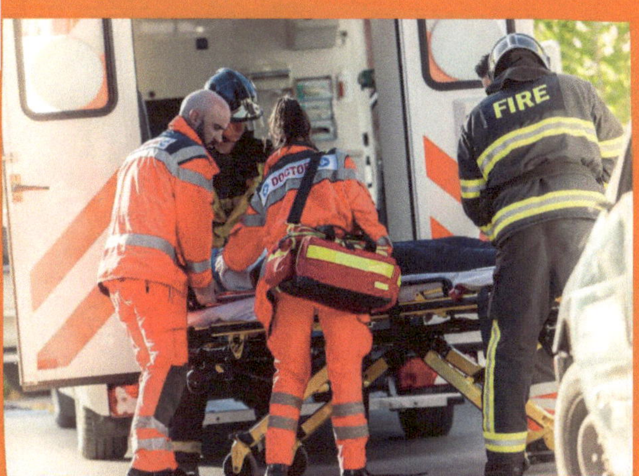

equipa de resgate

squadra di soccorso

floresta

foresta

montanha

montagna

relva

erba

areia

sabbia

árvore

albero

flor

fiore

borboleta

farfalla

formiga

formica

gato

gatto

cão

cane

cavalo

cavallo

rato

topo

vaca

mucca

porco

maiale

ovelha

pecora

pato

anatra

ganso

oca

coelho

coniglio

peixe

pesce

veterinário

veterinario

médico

dottore

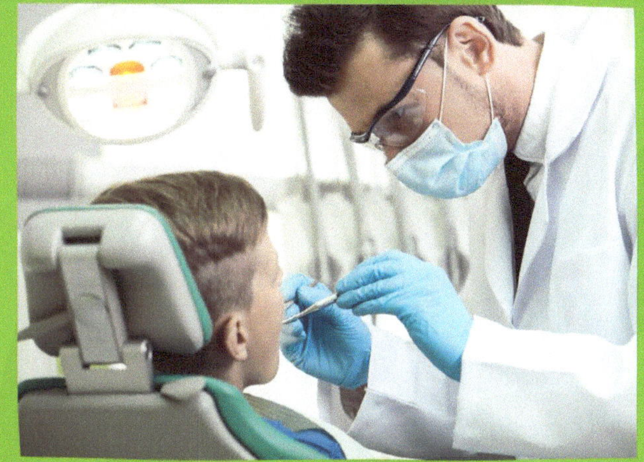

dentista

dentista

farmacêutico

farmacista

enfermeira

infermiere

cabeça

testa

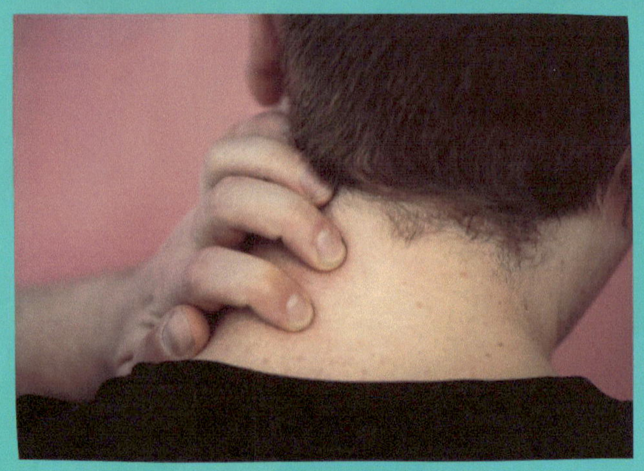

pescoço

collo

pé

piede

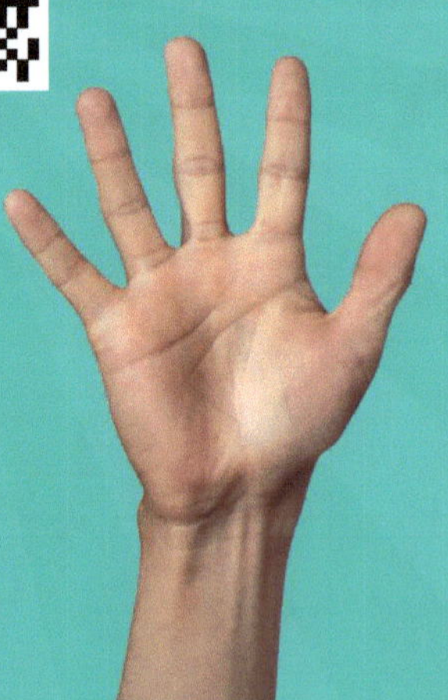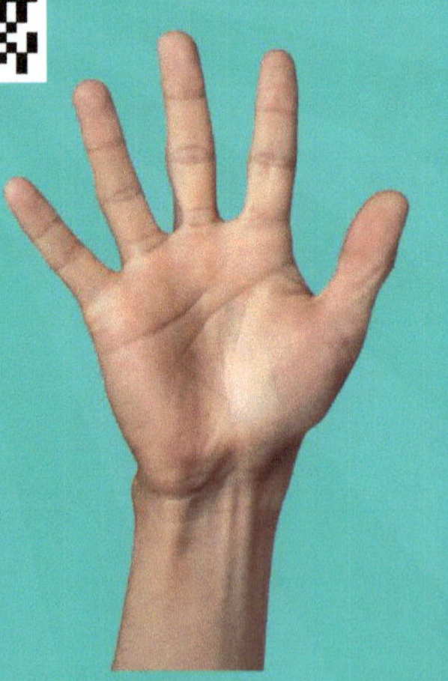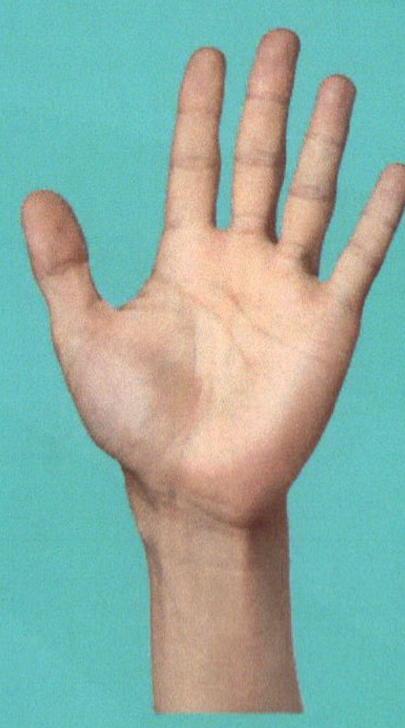

mão

mano

dentes

denti

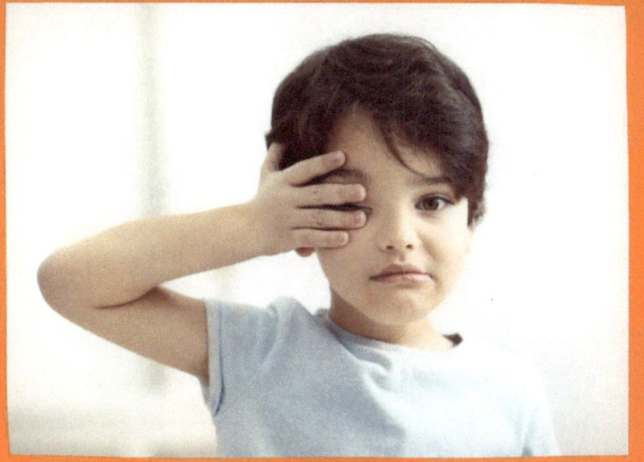

olho

occhio

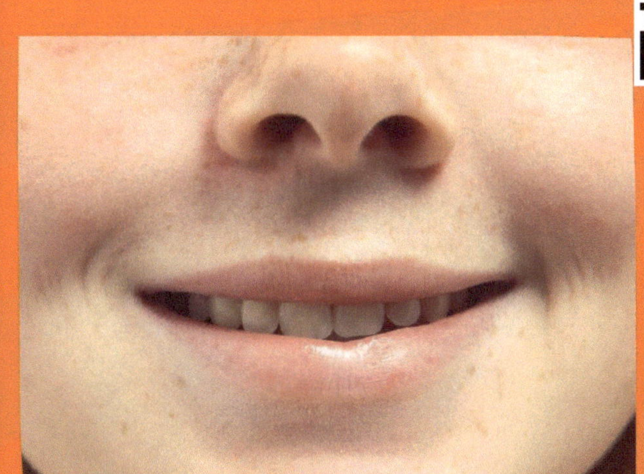

boca

bocca

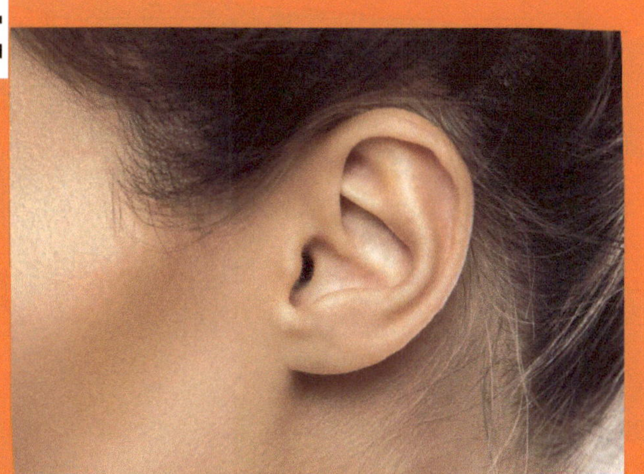

orelha

orecchio

chapéu

cappello

vestido

vestito

calças

pantaloni

sapatos

scarpe

casaco

cappotto

cachecol

sciarpa

guarda-chuva

ombrello

óculos

occhiali

sol

sole

nublado

nuvoloso

chuvoso

piovoso

lua

luna